BEI GRIN MACHT SICH IHR WISSEN BEZAHLT

AF149485

- Wir veröffentlichen Ihre Hausarbeit,
  Bachelor- und Masterarbeit

- Ihr eigenes eBook und Buch -
  weltweit in allen wichtigen Shops

- Verdienen Sie an jedem Verkauf

Jetzt bei www.GRIN.com hochladen
und kostenlos publizieren

Dagmar Käding

Frauenquote: Senkung der beruflichen Benachteiligung von Frauen?

GRIN Verlag

Bibliografische Information der Deutschen Nationalbibliothek:

Die Deutsche Bibliothek verzeichnet diese Publikation in der Deutschen National-
bibliografie; detaillierte bibliografische Daten sind im Internet über http://dnb.d-
nb.de/ abrufbar.

Dieses Werk sowie alle darin enthaltenen einzelnen Beiträge und Abbildungen
sind urheberrechtlich geschützt. Jede Verwertung, die nicht ausdrücklich vom
Urheberrechtsschutz zugelassen ist, bedarf der vorherigen Zustimmung des Verla-
ges. Das gilt insbesondere für Vervielfältigungen, Bearbeitungen, Übersetzungen,
Mikroverfilmungen, Auswertungen durch Datenbanken und für die Einspeicherung
und Verarbeitung in elektronische Systeme. Alle Rechte, auch die des auszugsweisen
Nachdrucks, der fotomechanischen Wiedergabe (einschließlich Mikrokopie) sowie
der Auswertung durch Datenbanken oder ähnliche Einrichtungen, vorbehalten.

Impressum:

Copyright © 2013 GRIN Verlag GmbH
Druck und Bindung: Books on Demand GmbH, Norderstedt Germany
ISBN: 978-3-656-51151-9

Dieses Buch bei GRIN:

http://www.grin.com/de/e-book/262302/frauenquote-senkung-der-beruflichen-
benachteiligung-von-frauen

GRIN - Your knowledge has value

Der GRIN Verlag publiziert seit 1998 wissenschaftliche Arbeiten von Studenten, Hochschullehrern und anderen Akademikern als eBook und gedrucktes Buch. Die Verlagswebsite www.grin.com ist die ideale Plattform zur Veröffentlichung von Hausarbeiten, Abschlussarbeiten, wissenschaftlichen Aufsätzen, Dissertationen und Fachbüchern.

Besuchen Sie uns im Internet:

http://www.grin.com/

http://www.facebook.com/grincom

http://www.twitter.com/grin_com

Berufsbegleitender Studiengang zum Master of Arts (Human Resources Management)

2. Semester

Seminararbeit im Fach

Arbeits- und Sozialversicherungsrecht

Führt die gesetzlich vorgeschriebene Frauenquote zur Senkung der beruflichen Benachteiligung von Frauen?

Autorin: Dagmar Käding

Berlin, den 19.August 2013

Inhaltsverzeichnis:

Abkürzungsverzeichnis.. iii

Abbildungsverzeichnis.. iv

1. Einleitung... 1

   1.1. Problemstellung... 1

   1.2. Ziele und Aufbau der Arbeit.. 3

2. Historische Hintergründe.. 4

   2.1.Der Weg von der Frauenbewegung zur Geschlechterforschung.......... 4

   2.2. Entwicklungsphasen der Frauenpolitik....................................... 4

3. Das Allgemeine Gleichbehandlungsgesetz... 6

   3.1. Zweck der Neuregelung 6

   3.2. Ziel des Gesetzes.. 6

4. Status Quo – Fakten, Daten, Zahlen 7

   4.1.Der geschlechtsspezifischer Bildungsstand................................. 8

   4.2. Frauenanteile auf der Führungsebene....................................... 8

   4.3. Der demographischer Wandel als Faktor................................... 8

   4.4. Strategien zur Erhöhung der Frauenanteile in Führungspositionen...... 9

   4.5. Die Flexible Quote.. 10

5. Aktueller Stand der Diskussion 12

6. Zusammenfassung.. 14

7. Literaturverzeichnis... xvi

Abkürzungsverzeichnis

Abb.	Abbildung
AGG	Allgemeines Gleichbehandlungsgesetz
BDA	Bundesvereinigung der Deutschen Arbeitgeberverbände
BDI	Bundesverbandes Deutscher Industrie
BMFSFJ	Bundesministerium für Familien, Senioren, Frauen und Jugend
DAX	Deutscher Aktienindex
EG	Europäische Gemeinschaft
EuGH	Europäischer Gerichtshof
GG	Grundgesetz
Rn.	Randnummer

Abbildungsverzeichnis

Abbildung 1: „Mehr Frauen- mehr Vielfalt in Führungspositionen"................... 11

Abbildung 2: DAX-Unternehmen und deren Ziele....................................13

1. Einleitung

1.1. Problemstellung

„ Wir brauchen bessere Aufstiegschancen für alle Frauen. Deshalb kämpfe ich für eine intelligente Frauenquote, die bei den Ursachen für den geringen Frauenanteil in Top-Positionen ansetzt und Unterschiede der Unternehmen und Branchen berücksichtigt", [1] Kristina Schröder, Bundesministerium für Familie, Senioren, Frauen und Jugend.

Mit diesem Zitat von Frau Dr. Schröder wird in das aktuelle Thema der beruflichen Benachteiligung von Frauen eingestiegen und deutlich gemacht, wie dringend der tatsächlicher Handlungsbedarf in puncto Geschlechtergleichheit im Beruf besteht.

Seit den achtziger Jahren hat die Gleichberechtigungsdiskussion in Deutschland eine neue Richtung angenommen. Im Allgemeinen ist bekannt, dass Frauen in den meisten beruflichen Bereichen schlechter gestellt sind als Männer, die im Durchschnitt weniger verdienen und nur die unteren Stufen der Hierarchie besetzen. Die Gründe für dieses geschlechtliche Ungleichgewicht sind weniger in den verschiedenen Präferenzen und Fähigkeiten zu suchen, vielmehr liegt der Fokus auf den strukturellen Bedingungen einer Gesellschaft, die den Arbeitsprozess anhand von klassischen Rollenverteilung sieht. Die zunehmende Forderung nach der wirklichen Gleichberechtigung zwischen Mann und Frau im Arbeits- und gesellschaftlichen Leben erfordert eine Implementierung von Maßnahmen, wie zum Beispiel die Frauenquotenregelung.[2]

Frauen in Bezug auf Führungspositionen nicht zu beachten, ist nicht nur aus Gleichstellungspunkten, sondern auch aus ökonomischen Gesichtspunkten sehr bedenklich. Obwohl drei Viertel der weiblichen Berufstätigen in Deutschland ihrer Arbeit nachgehen, sind die Vorstandsmitglieder und Aufsichtsratsgremien aktuell fast ausschließlich männlich. [3]

In den 200 größten Unternehmen auf dem Wirtschaftssektor waren im Jahr 2010 von 833 Vorstandsmitgliedern 21 Frauen tätig, was dem Anteil von 2,5 Prozent entsprach. In dem Vorstandsvorsitz befand sich nur eine Frau. Der Frauenanteil in den Top-

---

[1] Vgl. BMFSFJ (2013). URL: https://www.flexi-quote.de/funktionsweise-der-flexi-quote.html. Abruf am 06.08.2013.
[2] Vgl. Döring (1996), S. 176f.
[3] Vgl. Brandt (2012), S. 29.

Management-Positionen stagniert seit Jahren auf diesem Niveau. Im Finanz- und Versicherungsbereich hat in den Jahren 2006 bis 2009 keine Frau einen Vorstandsvorsitzplatz belegt. In den Aufsichtsräten dagegen befanden sich auf dem Finanzsektor 16,8 Prozent weibliche Mitglieder, bei den Versicherungen betrug der Anteil an Frauen 12,4 Prozent. Eine deutliche Erhöhung der Besetzung mit Frauen in den Aufsichtsräten gegenüber den vergangenen Jahren in der Privatwirtschaft und im Finanzbereich wurde jedoch nicht festgestellt. Der höhere Frauenanteil in den Aufsichtsräten gegenüber den Vorstandsstellen liegt in den in Deutschland geltenden Mitbestimmungsregeln, die abhängig von der Mitarbeiteranzahl in einem Unternehmen ein Drittel oder bis zur Hälfte mit Arbeitnehmerinnen gefühlt werden muss.[4]

Chancengleichheit von Männern und Frauen in der Privatwirtschaft ist aktuell in Deutschland nicht gegeben, obwohl die Erkenntnis da ist, dass junge Frauen in der Schule und Ausbildung erfolgreicher sind als ihre männlichen Mitschüler. Besonders kritisch ist die Situation für weibliche Personen nicht nur in der IT- und Elektrobranche. Auch die im Jahr 2001 beschlossene freiwillige Vereinbarung zwischen der Bundesregierung und den Spitzenverbänden der deutschen Wirtschaft für Chancengleichheit von Frauen und Männern in der Privatwirtschaft führte nicht zur Annäherung von gleichen Anteilen von Frauen und Männern in Führungspositionen. Am 14. August 2006 trat das AGG in Kraft. Deutschland setzte damit die vier EU-Antidiskriminierungsrichtlinien in nationales Recht um. Am 2. Juli 2001 hat die Bundesregierung mit den Spitzenverbänden der deutschen Wirtschaft eine Vereinbarung zur Förderung der Chancengleichheit von Frauen und Männern in der Privatwirtschaft beschlossen. Die Spitzenverbände haben sich zur Implementierung von fördernden betrieblichen Maßnahmen wie zum Beispiel der Ausbau einer flächendeckenden Kinderbetreuungsinfrastruktur verpflichtet.[5]

Zahlreiche Unternehmen kritisieren die politischen Pläne und sind gegen eine gesetzliche Frauenquote, vielmehr versuchen sie durch Selbstverpflichtung entgegen zu

---

[4] Vgl. Holst, Wiemer (2010). URL:
http://www.diw.de/documents/publikationen/73/diw_01.c.356535.de/dp1001.pdf. Abruf am 16.08.2013.
[5] Vgl. Seyfferth (2008), S. 9f.

wirken. Die DAX-Konzerne haben sich zwar bis zum Jahr 2015verpflichtet, dreißig Prozent der Vorstandsmitglieder sollen mit Frauen besetzt werden, jedoch nicht konkretisiert, mit welchen Maßnahmen die Personalpolitik umgesetzt werden soll.[6]

1.2. Ziele und Aufbau der Arbeit

Vor diesem Hintergrund ist es zu überprüfen, wie sich die Situation der Chancengleichheit im Bezug auf berufliche Ebene in Deutschland seit der Implementierung des Allgemeinen Gleichbehandlungsgesetzes im Jahr 2006 optimiert bzw. entwickelt hat und welche Lösungsansätze sich aus der Seminararbeit ableiten lassen. Dabei wird die aktuelle Diskussion in Betracht gezogen und es wird untersucht, ob die gesetzliche Regelung (AGG) einen positiven Beitrag zur Förderung der weiblichen Kräfte im Berufsleben leistet oder sogar das Problem beseitigen kann. Im zweiten Kapitel werden die historischen Hintergründe der Gleichberechtigung bzw. Frauenbewegungen erläutert, um einen Zusammenhang mit den aktuellen (nicht nur rechtlichen) Geschehnissen zu sehen. Nächstes Kapitel stellt das Allgemeine Gleichbehandlungsgesetz vor, dabei werden das Ziel und der Zweck der Neuregelung sowie die Rahmenbedingungen für eine positive und gezielte berufliche Förderung von weiblichen Arbeitskräften dargestellt. Im vierten Kapitel werden zur Veranschaulichung der Problematik Daten zum geschlechtsspezifischen Bildungsstand sowie Frauenanteile in den Führungspositionen vom Statistischen Bundesamt herangezogen. Durch das Heranziehen der Statistik zur demographischen Entwicklung wird die Notwendigkeit des Einsatzes von Frauen und somit ein Handlungsbedarf noch untermauert. Verschiedene mögliche Strategien zur Erhöhung des Frauenanteils in den Führungspositionen werden diskutiert, wie zum Beispiel die Implementierung der Flexiblen Quote.

Kapitel fünf beschäftigt sich mit konkreten strategischen Ansätzen der 30 DAX-Unternehmen durch gegebene Zahlen und Daten zur Erhöhung der weiblichen Mitarbeiterinnen in den Führungspositionen innerhalb eines bestimmten Zeitraumes. Im letzten Kapitel lässt sich zusammenfassend konstatieren, dass die gesetzlich

---

[6] Vgl. Öchsner, Büschemann (2011) , S.1. URL: http://www.sueddeutsche.de/karriere/pro-und-contra-frauenquote-weckruf-oder-fatales-signal-1.1166791. Abruf am 10.08.2013.

vorgeschriebene Frauenquote die Unternehmen bereit sind, mehr weibliches Personal in den Führungspositionen etablieren zu lassen. Positive Änderungen sind aktuell anhand der vorgestellten Statistiken noch nicht zu verzeichnen, jedoch haben sich die Unternehmen verbindliche Ziele gestellt, die sie umsetzen möchten.

2. Historische Hintergründe

2.1. Der Weg von der Frauenbewegung zur Geschlechterforschung

Seit ungefähr 100 Jahren können Frauen offiziell in Deutschland eine höhere Bildung erwerben, Gymnasium besuchen und ein Hochschulstudium absolvieren und eine akademische berufliche Laufbahn anstreben. Dieses Ergebnis der Emanzipationsbewegung ist auf die veränderten Lebensformen, die sich beispielsweise in neuen Familienmodellen mit berufstätigen Frauen abzeichnete, zurück zu führen. Andere Faktoren waren zum Beispiel veränderte gesellschaftliche Bedingungen, wie Globalisierungseffekte, Arbeitslosigkeit, Zuverdienst-Möglichkeiten der Frauen, Wegfall des Modells Mann als Ernährer der Familie. Auch auf der politischen Ebene werden diese Veränderungen diskutiert und Lösungsansätze gefordert.[7]

2.2. Entwicklungsphasen der Frauenpolitik

Die Frauenbewegung wird als politische sowie soziale Bewegung verstanden, mit dem Ziel, die Benachteiligung (unter anderem) von Frauen in politischen, sozialen und wirtschaftlichen Bereichen zu mildern bzw. zu beseitigen, wobei die Prioritäten in den politischen und gesellschaftlichen Entscheidungsbefugnissen liegen. Dabei werden zwei Phasen der Frauenbewegung unterschieden:

a) Die historische Frauenbewegung gegen Ende 18. Jahrhundert/ Anfang 19. Jahrhundert, überwiegend aus den USA und westeuropäischen Ländern

---

[7] Vgl. Hermann (2004), S. 13.

stammend. Ausganspunkt war die Französische Revolution (1978), in der Frauen an die Gleichberechtigung bzw. Gleichbehandlung appellierten.[8]

b) Im Zuge der Problematik wurde in Deutschland im Jahr 1949 das Grundgesetz (GG) implementiert.[9] Ende der 60er Jahre entstand die zweite Phase der Frauenbewegung, die Ziele waren die Durchsetzung von Gleichstellung zwischen Männern und Frauen und der Abbau von Diskriminierung von Frauen auf der gesellschaftlichen und politischen Ebene.[10]

Als Antwort darauf wurde im Jahr 1976 die Bundesrepublik Deutschland durch die EG-Richtlinie 76/207 verpflichtet, den Grundsatz der Gleichbehandlung von Männern und Frauen tatsächlich zu verwirklichen (Art. 1 Abs. 1 und Art. 2 Abs. 4), indem Maßnahmen zur Förderung der Chancengleichheiten von Männern und Frauen und Beseitigung von tatsächlich bestehenden Ungleichheiten zu implementieren sind.[11]

Das Problem der tatsächlich rechtlichen Durchsetzung von Chancengleichheit und Diskriminierung bestand jedoch weiterhin. Nach Art. 3 GG sind der Bürger zwar vor einer willkürlichen Handlung durch den Staat zu schützen, jedoch hat dieses Gesetz keine unmittelbare Wirkung auf das Verhältnis zwischen Privatpersonen. Im Fall einer Schädigung war bislang nur die Möglichkeit, aus BGB §§ 826, 249 Abs. 1[12] seine Rechte einzuklagen, was oft mit schwerer Durchsetzung verbunden war.[13]
Durch AGG § 22 ist es nun möglich, im Falle einer Benachteiligung nach AGG § 1 unter der Beweiserleichterung, nur mittels Indizien, das Recht auf Gleichbehandlung einzufordern (siehe BAG 21.06.2012 – 8 AZR 364/11).[14]

---

[8] Vgl. ebd., S. 13.
[9] Vgl. Adomeit, Mohr (2007), S. 39, Rn. 114.
[10] Vgl. Hermann (2004), S. 14.
[11] Vgl. Döring (1996), S. 187f. und EurLex (2013) .Richtlinie 76/207/EWG.
[12] Vgl. Beck (2011), S. 214 und S. 43.
[13] Vgl. Gaier, Wendland (2006), S. 3f.; § 1,Rn. 6.
[14] Vgl. Wedde (2013), S. 132f. §22, Rn. 1,2, 2a, 3. und Bundesarbeitsgericht (2012) .URL: http://juris.bundesarbeitsgericht.de/cgi-bin/rechtsprechung/document.py?Gericht=bag&Art=en&nr=16258. Abruf am 15.08.2013.

3. Das Allgemeine Gleichbehandlungsgesetz

3.1. Zweck der Neuregelung

Um einen wirksamen Schutz vor Benachteiligungen auf Grund der Rasse oder des Geschlechts oder ethischen Herkunft, Religion und Weltanschauung etc. (vgl. § 1 AGG) zu gewährleisten, wurde das Allgemeine Gleichbehandlungsgesetz im Jahre 2006 implementiert, dadurch wurden die Vorgaben der Antirassismus-Richtlinie 2000/43EG vom 29. Juni 2000[15] und 2000/78/ EG vom 27.11.2000 sowie 2002/73/EG [16] umgesetzt, die ein umfassendes Diskriminierungsverbot im öffentlichen Bereich sowie den Privatrechtsverkehr und Regeln für die wirksame gerichtliche Durchsetzung des Gleichbehandlungsgrundsatzes bieten. [17]

3.2. Ziel des Gesetzes

Ziel des Allgemeinen Gleichbehandlungsgesetzes wird im § 1 verankert. Die Benachteiligungen aus Gründen der Rasse, Religion, des Geschlechts, Weltanschauung oder wegen der ethnischen Herkunft, des Alters oder der sexuellen Identität sind zu verhindern oder zu beseitigen. Der Begriff Benachteiligungen wird statt " Diskriminierung" bewusst verwendet, da nicht jeder benachteiligender Sachverhalt einen diskriminierenden Charakter aufweist.[18]
Die praktische Bedeutung erlangt § 1 nur in Verbindung mit anderen Vorschriften des Gesetzes, da es sich im § 1 AGG um keinen eigenen Tatbestand handelt und keine bestimmte Rechtsfolge geregelt werden kann.[19]

---

[15] Vgl. Gaier, Wendlandt (2006), S. 167.
[16] Vgl. Schleusener et al. (2008)., S. 20f. , §1 Rn. 2 und Gaier, Wendlandt (2006), S. 173ff.
[17] Vgl. Gaier, Wendtland (2006), S. 3., § 1 Rn. 5.
[18] Vgl. Dornbusch et al. (2010), S. 38, § 1 Rn. 1.
[19] Vgl. Bauer et al. (2008), S. 39, § 1 Rn. 1.

Das AGG beweist, wie sehr sich der Diskriminierungsschutz ausweiten kann. Die mittelbare Benachteiligung ist nicht zulässig sowie die bloße Anweisung zur Benachteiligung gilt bereits als Benachteiligung selbst.[20]

§ 5 Positive Maßnahmen:

Unter „ Positive Maßnahmen" versteht der Gesetzgeber, dass unterschiedliche Behandlungen zulässig sind, wenn eins von dem in § 1 AGG verankerter Gründe wegen bestehender Nachteile ausgeglichen oder verhindert werden sollen.[21] Es ist ausdrücklich zulässig, dass Arbeitgeber spezielle Gruppeninteressen bzw. Allgemeinwohlinteressen wahrnehmen kann. Das bedeutet nicht, dass durch gezielte Förderung einer bestimmten Gruppe Nachteile für die andere Gruppe entstehen müssen. Diese Vorschrift beinhaltet einen allgemeinen europäischen Rechtsgrundsatz, der besagt, dass eine Ungleichbehandlung dann gerechtfertigt ist, wenn die Interessen einer Vielzahl von Menschen den Interessen Einzelner überwiegen. Der Grundgedanke des Europäischen Gesetzgebers ist die Förderung der beruflich unter-repräsentierter Bevölkerungsgruppen. Übertragen auf das Merkmal Geschlecht ist es also zulässig, Frauen in Berufen gezielt zu fördern, ohne die Männer benachteiligen zu können. Beispiele für mögliche Fördermaßnahmen, die unter § 5 fallen und eine Ungleichbehandlung rechtfertigen können:

> Diversity Management
> Integrationsvereinbarung
> Jugend- und Frauenförderpläne – diese Programme erlauben, dass bestimmte Personengruppen bei gleicher Eignung bevorzugt eingestellt oder gefördert werden können. Jedoch ist ein genereller Vorrang der zu fördernden Gruppe ausgeschlossen (siehe EuGH vom 17.10.1995 – Rs. C-450/93).[22]

---

[20] Vgl. Thüsing, (2007), S. 8, Rn. 10.

[21] Vgl. Bauer et al. (2008).S.3.
[22] Vgl. Bauer et al. (2008), S. 110ff.,§ 5 Rn. 3,6,7,18 und EurLex.(1995).URL: http://eur-lex.europa.eu/LexUriServ/LexUriServ.do?uri=CELEX:61993CJ0450:DE:NOT. Abruf am 18.08.2013.

4. Status Quo – Fakten, Daten, Zahlen

  4.1.Der geschlechtsspezifischer Bildungsstand

Im Jahr 2001 besaßen von den weiblichen erwerbstätigen Personen 26 Prozent einen Hochschulabschluss. Seit dem Jahr 2006 ist ein deutlicher Anstieg (von 30Prozent auf 35 Prozent) von hochqualifizierten weiblichen Personen zwischen 30Jahren und 34 Jahren zu verzeichnen. Wogegen die Zahl der hochqualifizierten männlichen Personen seit 2001 bei 30 Prozent stagniert.[23]

  4.2.Frauenanteile auf der Führungsebene

Der politische Fokus im berufstätigen Sektor liegt auf der Erhöhung des Frauenanteils auf den Führungsebenen von Unternehmen und in der Verwaltung. Es werden beispielsweise im öffentlichen Dienst freie Vakanzen mit der Bevorzugung weiblicher Kandidatinnen bei gleicher Qualifikation, angeboten. Bei der   Einführung der Frauenquote als Instrument der Steigerung von Frauenanteile auf den Führungsebenen in der Privatwirtschaft gehen die Meinungen auseinander. Fakt ist, dass in Deutschland im Jahr 2010 war jede dritte Führungskraft weiblich (30 Prozent), im Jahr 2001 waren es 27 Prozent, also 3 Prozent mehr innerhalb von 9 Jahren. Somit dominieren weiterhin die Männer in den Führungsetagen. Der Anteil an weiblichen Führungspositionen ist jedoch branchenabhängig. Am höchsten war im Jahr 2010 der Anteil der Frauen im Bereich Erziehung und Unterricht mit 49 Prozent, im Gesundheits- und Sozialwesen waren es 44 Prozent. Am niedrigsten besetzten Frauenführungspositionen sind im Baugewerbe mit 15 Prozent zu verzeichnen.[24]

  4.3. Der demographischer Wandel als Faktor

Bis 2020 werden schätzungsweise zwei Millionen Fachkräfte fehlen, so die

[23] Vgl. Statistisches Bundesamt (2012), S. 18f. URL:
https://www.destatis.de/DE/Publikationen/Thematisch/Arbeitsmarkt/Erwerbstaetige/BroeschuereFrauen
MaennerArbeitsmarkt0010018129004.pdf?__blob=publicationFile, Abruf am 14.08.2013.
[24] Vgl. ebd., S. 26.

Berechnung der Unternehmensberatung McKinsey. Die Geburtenraten sind nur halb so hoch wie in den 1960-er Jahren Deutschland importiert verstärkt Arbeitskräfte aus dem Ausland, statt eigene weibliche Fachkräfte zu fördern.[25]

Die im Jahr 2009 von dem Statistischen Bundesamt veröffentliche Vorausberechnung der demographischen Entwicklung bis 2060 macht deutlich, dass sich die Alterspyramide n Richtung Älterwerden bei gleichzeitiger Stagnation der Geburtenzahlen deutlich verschiebt. Dadurch wird die Notwendigkeit des Einsatzes von Frauen noch untermauert.[26]

4.4. Strategien zur Erhöhung der Frauenanteile in Führungspositionen

Um die oben genannte Problematik und der Zustand zu korrigieren, wurde bereits in Vergangenheit die Quotenregelung kommuniziert. Es wurden im Jahr 2001 zwischen der der damaligen Bundesregierung und Spitzenverbänden der deutschen Wirtschaft Vereinbarungen getroffen, die Konzerne zur Verdreifachung der Anzahl der weiblichen Führungskräfte bis zum Jahr 2013 zu verpflichten.[27]

Die Grundgedanken sind auch im Deutschen Corporate Governance Kodex (von 18. Juni 2009, aktualisiert 13.Mai 2013) verankert, indem sich börsenorientierte Unternehmen an die kodifizierte Regelung der guten Unternehmensführung halten sollen, jährlicher Bericht der Corporate Governance im Unternehmen, Transparenz etc. Unter Punkt 4.1.5 des Berichts (Seite 6) wird deutlich geregelt, dass bei der Besetzung von Führungspositionen im Unternehmen auf Vielfalt zu achten und angemessene Berücksichtigung von Frauen anstreben.[28]

Ein weiteres Konzept zur Bekämpfung der Unterbesetzung der Führungspositionen war die Einführung des „Women an Board-Indexes" vom 17.02.2011. Der Index soll die Präsenz von in den Chefetagen von 160 börsennotierten Unternehmen dokumentieren.

---

[25] Vgl. Beyer, Voigt (2011), S. 58ff.

[26] Vgl. Statistisches Bundesamt (2009) , S.15. URL:
https://www.destatis.de/DE/Publikationen/Thematisch/Bevoelkerung/VorausberechnungBevoelkerung/Be
voelkerungDeutschland2060Presse5124204099004.pdf?__blob=publicationFile. Abruf am 19.08.2013.

[27] Vgl. Deutscher Bundestag (2013).URL:
http://www.bundestag.de/dokumente/textarchiv/2011/33361774_kw06_ak_frauenquote/index.html. Abruf
am 19.08.2013.

[28] Vgl. Regierungskommission.(2010).URL: _http://www.corporate-governance-
code.de/ger/download/kodex_2013/D_CorGov_Endfassung_Mai_2013_markiert.pdf . Abruf am
19.08.2013.

Dadurch entsteht Transparenz und ein Vergleich zwischen den Unternehmen ist möglich.[29]

4.5. Die Flexible Quote

Der Begriff Quote ist im Zusammenhang mit der Problematik keineswegs neu erfunden. Schon vor 20 Jahren wurde auf Unterpräsenz der weiblichen Führungskräfte, überwiegend im öffentlichen Sektor, hingewiesen. So befand sich unter 75 Abteilungsleitern nur eine Frau, bei den obersten Landesbehörden gab es 310 männliche Referatsleiter, aber lediglich 6 Referatsleiterinnen. Bei der damaligen Diskussion um die Quotierung ging es um die Einführung von starren Quoten oder leistungsbezogener Quoten. Als Ergebnis der Diskussionen ergab sich, dass aufgrund des Widerspruchs im Art. 3 Abs. 3 GG, der auf eine Unterlassung bzw. Beseitigung von Benachteiligungen zielt, die starren Quoten nicht zulässig sind. Durch die Bevorzugung von Frauen im Berufsleben wären Männer benachteiligt.[30]

In der Politik gilt die Quote seit dem Jahr 1988, die so genannte „Mindestabsicherung", das bedeutet, dass Männer und Frauen jeweils einen Mindestanteil von 40% aller Funktionen und Mandaten sichert, die Quotierung ist stufenweise eingeführt worden und endet am 31.12.2013. [31]

Aktuell nimmt die zahlreich diskutierte Flexible Quote wieder Gestalt an. Die Bundesregierung forderte im Jahr 2011 bis zum Stichtag im Jahr 2013 die Verdreifachung des Frauenanteils in den Vorständen und Aufsichtsräten. Sollte dies nicht geschehen, wird die Flexible Quote wirksam, das bedeutet, die Unternehmen werden, gesetzlich zur Selbstverpflichtung gezwungen. Daraus soll ersichtlich werden, welche Unternehmen tatsächlich weibliche Anteile in den Vorständen und Aufsichtsräten beschäftigen möchten und der Wettbewerb zwischen den Unternehmen wird dadurch angeregt. In der Abbildung 1 wird der Stufenplan „ Mehr Frauen- mehr Vielfalt in Führungspositionen" vorgestellt.[32]

---

[29] Vgl. BMFSFJ (2011). URL:http://www.bmfsfj.de/BMFSFJ/Service/themen-lotse,did=167516.html, Abruf am 19.08. 2013.
[30] Vgl. Manzer, T. (1991), S. 3ff.
[31] Vgl. Deller,C.(1994), S.13.
[32] Vgl. BMFSFJ (2011). URL: http://www.bmfsfj.de/BMFSFJ/Service/themen-lotse,did=168620.html. Abruf am 19.08.2013und http://www.bmfsfj.de/RedaktionBMFSFJ/Abteilung4/Pdf-Anlagen/Stufenplan-Schema,property=pdf,bereich=bmfsfj,sprache=de,rwb=true.pdf. Abruf am 19.08.2013.

Abbildung 1: „Mehr Frauen- mehr Vielfalt in Führungspositionen"

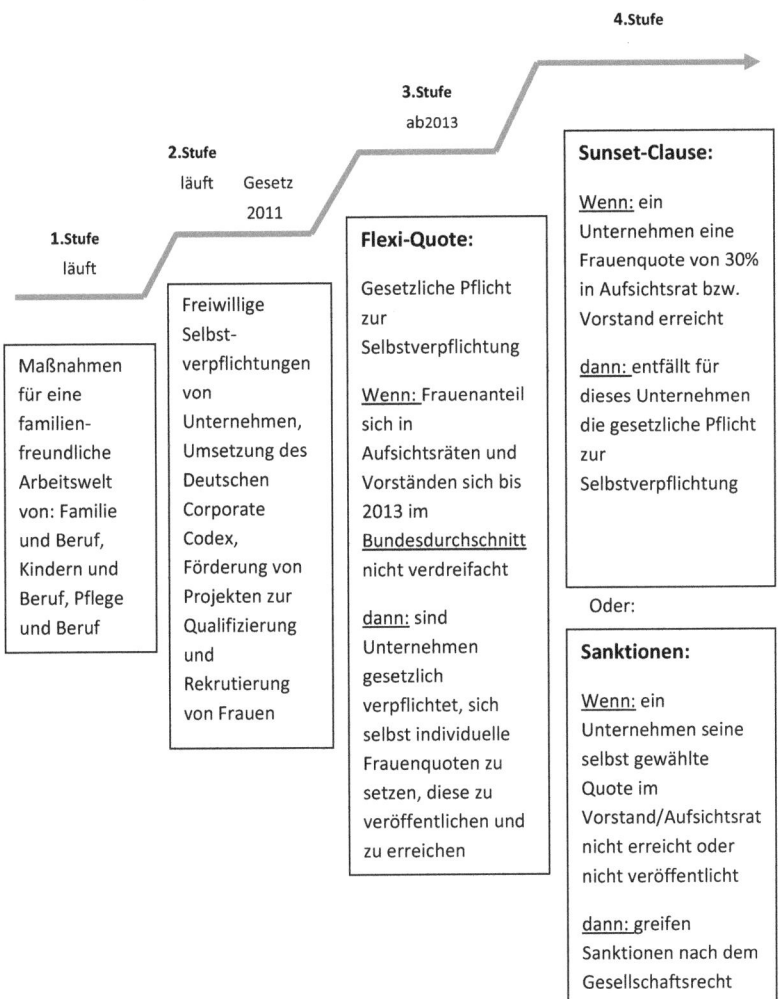

Quelle: Eigene Darstellung in Anlehnung an BMFSFJ (2011)

5. Aktueller Stand der Diskussion

Am 30. März 2011 haben sich die 30 DAX-Unternehmen gemeinsam erklärt, an der Initiative „Frauen in Führungsfunktionen" teilzunehmen und Maßnahmen zur Erhöhung der Frauenanteile in Führungspositionen zu implementieren und optimieren. Die Unternehmen verpflichten sich verbindlich und individuell, einen Beitrag zu leisten. [33]

Instrumente zur Erhöhung des Frauenanteils in Führungspositionen als integraler Bestandteil eines Diversity-Ansatzes:

Die DAX-Unternehmen haben vielfältige Programme intern implementiert, wie zum Beispiel:

a) Gezielte Personalentwicklung wie Coaching und Mentoring, Nachfolgeplanung etc.,

b) Transparenz und geschlechtskonforme Rekrutierung- und Auswahl, dazu werden beispielsweise entsprechende Personen durch Schulungen ausgebildet,

c) Aktive Rekrutierung an Schulen und Hochschulen, primäres Ziel soll MINT-Absolventen zu gewinnen, durch Praktika oder Unterstützung bei den Abschlussarbeiten,

d) Familiengerechte Arbeitsgestaltung, wie Implementierung von Betreuungsangeboten für Mütter, Home Office, Telearbeit, Teilzeitarbeit auch für Führungskräfte und andere. [34]

In folgender Abbildung (Abb. 2) sind einige DAX-Unternehmen und deren vereinbarten Ziele zur Steigerung des Frauenanteils dargestellt:

---

[33] Vgl. BDA. (2012).URL: http://www.bda-online.de/www/arbeitgeber.nsf/res/Dax-30_Frauen_in%20Fuehrungspositionen.pdf/$file/Dax-30_Frauen_in%20Fuehrungspositionen.pdf. Abruf am 19.08.2013.
[34] Vgl. ebd.

Abbildung 2: DAX-Unternehmen und deren Ziele

Unter-nehmen	Frauenanteil an Gesamt-belegschaft in Deutschl. (D)		Frauenanteil an Gesamt-belegschaft weltweit (w)		Frauenanteil an Führungs-position in D		Frauen-Anteil an Führungs-position weltweit		Anteil der hier betracht. Führungspos. Gesamt-belegsch.		Ziele D
In %	Stand 2010	Stand 2012	Stand 2010	Stand 2012	Stand 2010	Stand 2012	Stand 2010	Stand 2012	Stand 2010	Stand 2012	
Adidas Group	49	51	48	50	26	26	28	28	5%w. 15% D	5%w. 14% D	32-35% bis Ende 20015 Führungs-entwi-cklungspro-gramme ab 2012: mind. 35%
Allianz	46,4	46,4	52,4	52,5	24,7	26,7	26,9	29,2	6%w. 11,3% D	7,6% w. 11,8% D	30 % Frauen in Führungs-Positionen in Deutschland bis Ende 2015
BASF	22,3	23,6	22,9	24,3	9,8	11,8	15,5	17,2	6,3% w. 5% D	6,6% w. 5% D	Erhöhung des Frauen-Anteils in Führungspo sitionen in Deutschland auf 15 % bis Ende 2020
Bayer	30	30	35	36	17	19	21	23	8% w. 13% D	8% w. 12% D	Weltweit: Gegen 30 % bis Ende 2015
BMW	13,2	14,2	15,2	17,3	8,8	10	11,1	12,9	10,3% w. 10,2% D	9,9% w. 10,2% D	Außer-tarifliche Führungskrä fte: 15-17 % Frauen bis Ende 2020

Quelle: Eigene Darstellung in Anlehnung an BDA (2012)

6. Zusammenfassung

In dieser Seminararbeit sollte erarbeitet werden, wie das Allgemeine Gleichbehandlungsgesetz (AGG) positiv auf die Implementierung der Frauenquote in Unternehmen wirkt und ob die freiwillige Frauenquote zur Senkung der beruflichen Benachteiligung von Frauen führt. Ausgehend von den in der Arbeit ausgearbeiteten, mit Quellen unterlegten und dargestellten Fakten lässt sich zusammenfassend konstatieren, dass seit der Einführung des AGG vom 14.08.2006 die Problematik der Unterpräsenz des weiblichen Personals in den Führungspositionen stärker an Bedeutung gewonnen hat und wird, nicht nur politisch, kommuniziert.

Seit 2011 existiert die Regelung der freiwilligen Frauenquote zwischen der Bundesregierung und den DAX-Konzernen. Die Unternehmen haben sich selbst Ziele gesetzt, die in bestimmten Zeitraum erreicht werden sollen. Diese sollen unter anderem den Wettbewerb stärken und Transparenz gewährleisten. Auch die Einführung des Deutschen Corporate Governance Kodex im Jahr 2009 verbindet vor allem börsenorientierte Unternehmen, angemessene Berücksichtigung von Frauen in den Führungspositionen zu gewährleisten. [35]

Eine aktuelle Studie des Bundesverbandes Deutscher Industrie (BDI) macht deutlich, dass eine kontinuierliche Zunahme des Frauenanteils in den Führungspositionen der börsenorientierten Unternehmen zu verzeichnen ist. Der Anteil an Frauen in den Aufsichtsräten der MDAX-Unternehmen hat sich seit 2011 fast verdoppelt. Auch die Technologieunternehmen (TecDAX) verzeichnen eine positive Änderung mit 75 Prozent und die Unternehmen im SDAX mit 65 Prozent mehr Frauen im Aufsichtsrat im Vergleich zu 2011. Bei den Vorständen der börsenorientierten Unternehmen hat sich der weibliche Anteil im Vergleich zu 2011 verdreifacht, zum Beispiel das Unternehmen Lufthansa besetzt jede zweite Führungsposition mit einer Frau. [36]

Zusammenfassend lässt sich konstatieren, dass seit der Einführung der freiwilligen Flexiblen Quote die Unternehmen bereit sind, mehr weibliches Personal in den Führungspositionen etablieren zu lassen. Rechtlich gesehen ist eine Förderung von

---

[35] Vgl. BMFSFJ (2011) . URL: http://www.bmfsfj.de/BMFSFJ/Service/themen-lotse,did=168620.html und Regierungskommission.(2010). http://www.corporate-governance-code.de/ger/download/kodex_2013/D_CorGov_Endfassung_Mai_2013_markiert.pdf. Abruf am 19.08.2013.

[36] Vgl. BMFSFJ.(2013). URL: https://www.flexi-quote.de/aktuelles.html. Abruf am 19.08.2013.

speziellen Gruppen von Personen, übertragen auf unsere Frauengruppe, erlaubt, wenn dieses dem Interesse der Allgemeinheit dient (§5 AGG), ohne dass Männer dabei benachteiligt werden.

Minimale positive Änderungen sind aktuell anhand der vorgestellten Statistiken zu verzeichnen, dennoch haben sich die Unternehmen verbindliche Ziele gestellt, die sie weiterhin umsetzen müssen. Es lässt sich jedoch keine detaillierte Aussage über eine positive Wirkung des Allgemeinen Gleichbehandlungsgesetzes (AGG) im Einzelfall tätigen. Es liegen Annahmen vor, dass seit der Implementierung des AGG mehr Frauen den höheren Bildungsstatus anstreben.

Vielmehr wird es zukünftig wichtiger, wie Statistiken des Statistischen Bundesamtes sowie McKinsey im Kapitel 4.3. belegen, dass Unternehmen längerfristig strategisch agieren müssen, insbesondere in Bezug auf die demographische Entwicklung der Bevölkerung, und damit verbundene deutliche Absenz von Fachkräften.

Literaturverzeichnis:

Adomeit, K., Mohr, J. (2007): Kommentar zum Allgemeinen Gleichbehandlungsgesetz,

    München 2007

Bauer, J. H., Göpfert, B., Krieger, S. (2008): Allgemeines Gleichbehandlungsgesetz.

    Kommentar, 2. Auflage, München 2008

Beck, C.H. (2011): Aktuelle Wirtschaftsgesetze 2011, 12. Auflage, München 2011

Beyer, S., Voigt, C. (2011): Die Machtfrage, in: Der Spiegel, 2011, Nr. 5, S. 58-63

Brandt, K. (2012): Gleichstellungsquote im Aufsichtsrat der Aktiengesellschaft, Diss.,

    Frankfurt am Main, 2012

Deller, C.(1994): Die Zulässigkeit von satzungsrechtlichen und gesetzlichen

    Quotenregelungen zugunsten von Frauen in politischen Parteien, Diss.,

    Bonn, 1994

Dornbusch, G., Fischermeier, E., Löwisch, M. (2010): Arbeitsrecht, 3. Auflage,

    Köln 2010

Döring, M. (1996): Frauenquoten und Verfassungsrecht, Diss., Berlin, 1996

Gaier, R., Wendland, H. (2006): Allgemeines Gleichbehandlungsgesetz –AGG. Eine

    Einführung in das Zivilrecht, München 2006

Hermann, A. (2004): Karrieremuster im Management. Pierre Bourdieus Sozialtheorie

    als Ausgangspunkt für eine genderspezifische Betrachtung, Diss. ,Wiesbaden

    2004

Manzer, T. (1991): Verfassungsrechtliche Untersuchung über die Zulässigkeit von

    Frauen-quoten im Beamtenbereich des öffentlichen Dienstes, Berlin 1991

Schleusener, A., Suckow, J., Voigt, B. (2008): AGG. Kommentar zum Allgemeinen

    Gleichbehandlungsgesetz, 2. Auflage, Neuwied 2008

Seyfferth, A. (2008): Frauen-Technik-Management. Weibliche Führungskräfte in der

    High-Tech-Branche, Berlin 2008

Thüsing, G. (2007) : Arbeitsrechtlicher Diskriminierungsschutz, München, 2007

Wedde, P. (2013): Arbeitsrecht. Kompaktkommentar zum Individualarbeitsrecht mit kollektivrechtlichen Bezügen, 3. Auflage, Frankfurt am Main, 2013

Internetquellen:

Bundesarbeitsgericht (2012). Urteil vom 21.6.2012, 8 AZR 364/11.URL:
http://juris.bundesarbeitsgericht.de/cgi-
bin/rechtsprechung/document.py?Gericht=bag&Art=en&nr=16258. Abruf am
15.08.2013.

Bundesministerium für Familie, Senioren, Frauen und Jugend (2013).Flexi Quote.
BDI-Studie konstatiert Aufwärtstrend: Unternehmen setzen kontinuierlich auf
mehr Frauen in Führungsposition.URL: https://www.flexi-
quote.de/aktuelles.html. Abruf am 19.08.2013.

Bundesministerium für Familie, Senioren, Frauen und Jugend. (2013). Flexi-Quote. So
funktioniert die Flexi-Quote.URL: https://www.flexi-quote.de/funktionsweise-
der-flexi-quote.html. Abruf am 08.06.2013.

Bundesministerium für Familie, Senioren, Frauen und Jugend. (2011). Frauen in
Führungspositionen: "Women-on-Board-Index" schafft Transparenz.
URL:http://www.bmfsfj.de/BMFSFJ/Service/themen-lotse,did=167516.html,
Abruf am 19.08. 2013.

Bundesministerium für Familie, Senioren, Frauen und Jugend (2011). Mehr Frauen-
mehr Vielfalt in Führungspositionen. URL:
http://www.bmfsfj.de/RedaktionBMFSFJ/Abteilung4/Pdf-Anlagen/Stufenplan-
Schema,property=pdf,bereich=bmfsfj,sprache=de,rwb=true.pdf. Abruf am
19.08.2013.

Bundesministerium für Familie, Senioren, Frauen und Jugend (2011). Wirtschaft setzt
sich Ziele für mehr Frauen in Führungspositionen URL:
http://www.bmfsfj.de/BMFSFJ/Service/themen-lotse,did=168620.html. Abruf
am 19.08.2013.

Bundesvereinigung der Deutschen Arbeitgeberverbände (2012). Frauen in

Führungspositionen. URL: http://www.bda-online.de/www/arbeitgeber.nsf/res/Dax-30_Frauen_in%20Fuehrungspositionen.pdf/$file/Dax-30_Frauen_in%20Fuehrungspositionen.pdf. Abruf am 19.08.2013.

Deutscher Bundestag.(2013). Frauenquote für Führungspositionen gefordert. URL: http://www.bundestag.de/dokumente/textarchiv/2011/33361774_kw06_ak_fraue nquote/index.html. Abruf am 19.08.2013.

EurLex. (2013).Richtlinie 76/207/EWG des Rates vom 9. Februar 1976 zur Verwirklichung des Grundsatzes der Gleichbehandlung von Männern und Frauen hinsichtlich des Zugangs zur Beschäftigung, zur Berufsbildung und zum beruflichen Aufstieg sowie in Bezug auf die Arbeitsbedingungen. URL: http://eur-lex.europa.eu/LexUriServ/LexUriServ.do?uri=CELEX:31976L0207:DE:HTML, Abruf am 19.08.2013.

EurLex.(1995). Urteil des Gerichtshofes vom 17.Oktober 1995. Rechtssache C-450/93. URL: http://eur-lex.europa.eu/LexUriServ/LexUriServ.do?uri=CELEX:61993CJ0450:DE:NOT. Abruf am 18.08.2013.

Holst, E; Wiemer, A. (2010). Zur Unterrepräsentanz von Frauen in Spitzengremien der Wirtschaft. Ursachen und Handlungsansätze.URL:http://www.diw.de/documents/publikationen/73/diw_01 .c.356535.de/dp1001.pdf. Abruf am 16.08. 2013.

Öchsner, T.; Büschemann, K.H. (2011) . Pro und Contra Frauenquote. Weckruf oder fatales Signal? URL: http://www.sueddeutsche.de/karriere/pro-und-contra-frauenquote-weckruf-oder-fatales-signal-1.1166791. Abruf am 15.08.2013.

Regierungskommission.(2010). Deutscher Corporate Governance Kodex.URL: _http://www.corporate-governance-code.de/ger/download/kodex_2013/D_CorGov_Endfassung_Mai_2013_markiert .pdf . Abruf am 19.08.2013.

Statistisches Bundesamt (2009). Bevölkerung Deutschlands bis 2060. URL:

https://www.destatis.de/DE/Publikationen/Thematisch/Bevoelkerung/Vorausber
echnungBevoelkerung/BevoelkerungDeutschland2060Presse5124204099004.pd
f?__blob=publicationFile. Abruf am 19.08.2013.

Statistisches Bundesamt.(2012). Frauen und Männer auf dem Arbeitsmarkt. URL:

https://www.destatis.de/DE/Publikationen/Thematisch/Arbeitsmarkt/Erwerbstaet
ige/BroeschuereFrauenMaennerArbeitsmarkt0010018129004.pdf?__blob=public
ationFile. Abruf am 18.08.2013.